苦命皇帝——明思宗

◎ 主编 金开诚

◎ 编著 管宝超

吉林出版集团有限公司

吉林文史出版社

图书在版编目（CIP）数据

苦命皇帝——明思宗 ／ 管宝超编著. —— 长春 ：
吉林出版集团有限责任公司，2011.4（2023.4重印）
ISBN 978-7-5463-5018-9

Ⅰ.①苦… Ⅱ.①管… Ⅲ.①朱由检（1610～1644）
－生平事迹 Ⅳ.①K827＝48

中国版本图书馆CIP数据核字（2011）第053451号

苦命皇帝——明思宗

KUMING HUANGDI MINGSIZONG

主编／金开诚　编著／管宝超

项目负责／崔博华　责任编辑／崔博华　高原嫒

责任校对／高原嫒　装帧设计／柳甬泽　张宣婷

出版发行／吉林出版集团有限责任公司　吉林文史出版社

地址／长春市福祉大路5788号　邮编／130000

印刷／天津市天玺印务有限公司

版次／2011年4月第1版　印次／2023年4月第5次印刷

开本／660mm×915mm　1/16

印张／9　字数／30千

书号／ISBN 978-7-5463-5018-9

定价／34.80元

前 言

文化是一种社会现象，是人类物质文明和精神文明有机融合的产物；同时又是一种历史现象，是社会的历史沉积。当今世界，随着经济全球化进程的加快，人们也越来越重视本民族的文化。我们只有加强对本民族文化的继承和创新，才能更好地弘扬民族精神，增强民族凝聚力。历史经验告诉我们，任何一个民族要想屹立于世界民族之林，必须具有自尊、自信、自强的民族意识。文化是维系一个民族生存和发展的强大动力。一个民族的存在依赖文化，文化的解体就是一个民族的消亡。

随着我国综合国力的日益强大，广大民众对重塑民族自尊心和自豪感的愿望日益迫切。作为民族大家庭中的一员，将源远流长、博大精深的中国文化继承并传播给广大群众，特别是青年一代，是我们出版人义不容辞的责任。

本套丛书是由吉林文史出版社和吉林出版集团有限责任公司组织国内知名专家学者编写的一套旨在传播中华五千年优秀传统文化，提高全民文化修养的大型知识读本。该书在深入挖掘和整理中华优秀传统文化成果的同时，结合社会发展，注入了时代精神。书中优美生动的文字、简明通俗的语言、图文并茂的形式，把中国文化中的物态文化、制度文化、行为文化、精神文化等知识要点全面展示给读者。点点滴滴的文化知识仿佛颗颗繁星，组成了灿烂辉煌的中国文化的天穹。

希望本书能为弘扬中华五千年优秀传统文化、增强各民族团结、构建社会主义和谐社会尽一份绵薄之力，也坚信我们的中华民族一定能够早日实现伟大复兴！

目录

一、执政之初

（一）艰辛的童年

明思宗崇祯皇帝朱由检是明光宗泰昌皇帝的第五个儿子，是明熹宗天启皇帝的弟弟。朱由检的童年命运十分坎坷，他的生母刘氏，是光宗众多嫔妃中的一位。生一男儿，当母以子贵。无奈有争宠的妃子在侧，鼓动如簧之舌，说三道四，使光宗对刘氏渐渐疏远，进而寻隙斥责。忠厚贤惠的刘氏，恪守妇道，毫不辩解，将莫大的委屈深深地埋在心中。久而久之，积郁成疾，在朱由检5岁那年，郁郁而死。光宗得刘氏死讯，多有悔意，又担心神宗皇帝知道此事，要怪罪于他，便勒令庭掖宫人守口如瓶，不得泄露只言片语，暗中派人将刘氏埋葬在西山。

　　当时朱由检住在勖勤宫，每忆及生母，就向近侍询问："西山有申懿王的坟墓吗？"回答说有。又问："申懿王坟墓旁有刘娘娘的坟墓吗？"回答说有。朱由检似乎得到了心理上的慰藉，秘密付给近侍金钱，令其前往西山祭祀。近侍回来复命，又激起由检对生母的无限思念，潸然泪下。光宗得知由检思念生母，又孤苦无依，怜悯之情油然而生，遂命当时

最受宠的康妃抚养他。康妃本来抚养着光宗长子朱由校，并且对其倾注着全部心血，企求得到报偿，以满足自己的欲望。现在又要抚养由检，心中犯难，因是光宗之命，也不好断然拒绝。但她十分清楚皇长子与皇五子的差别和分量。所以对待两位皇子的态度，就有着明显的不同。由检幼小的心灵，虽感受到人间的冷暖和爱抚的厚薄，但仍在皇室子孙颐指气使的高贵血统氛围中，过着无忧无虑的生活。好在未过多久，康妃生一皇女，便趁机禀报光宗说自己无暇抚养由检。光宗便改命号称东李的庄妃抚养朱由检。

庄妃宽厚仁慈，她的地位虽列于西李康妃之前，但因其恪守妇道，不与人争，所以受宠爱的程度远不能与西李相比。加上膝下无儿无女，十分寂寞。现在奉命抚养皇五子，正是她求之不得的事。

　　由检的到来，既可使她冰冷寂寥的心怀
增添些许温暖，又可使她的爱心有了倾注
的对象。而由检也从此得到新的母爱，聪
颖活泼的天性随着时间的推移，渐渐显
露。或许是庄妃倾注的爱太多，也养成了
由检任性、自以为是的性格。读书、游戏，
欢乐和些许忧虑，伴随着由检渐渐长大。

而父皇光宗即位仅一个月便与世长辞,给他年仅10岁的心灵蒙上了一层浓重的阴影,迫使他不得不认真仔细地审视周围所发生的一切。生母的早逝留给他内心的忧伤,因有庄妃的爱抚而得到慰藉,可是父皇是谁也替代不了的。何况,对于父皇的死因,纷纷扬扬,说什么的都有。难道这就是大明权力集中的皇帝所应该经历的吗?

幼年的朱由检无法探求出事物的本质,也无法从中寻找到准确的答案而采取有效的应付手段。只不过依恃其聪颖,注意到眼前发生的一切,想了解探求真谛而设法自我保护罢了。皇兄朱由校接替

父皇登上皇帝宝座，在他看来，是天经
地义的事。在对父皇早逝深切哀痛的同
时，仍对皇兄的即位表示祝贺。在此后不
久的天启二年(1622年)八月，唯一的变化
是皇五子成了信王。可是，当他自由自在
地欢度信王生涯时，东李庄妃的郁郁而
终，扰乱了朱由检平静的生活，也给他带
来了莫大的悲痛。一而再再而三的意外
之事，引起他的警觉，他暗中观察周围的

人和事，总想从别人的一言一行，甚至从瞬息的眼神中去猜测、探询出个究竟。直到得知庄妃的死因之后，自责和怨恨便交织于心。他自责自己作为一位王爷，竟连养母也不能保护，他怨恨自己的疏忽，更怨恨自己的无能。于是，他决心自立、自强，以信王的身份行信王之事，不让任何人来左右自己。对周围的一切，要靠观察和思考，决定自己的行动。事实告诉他，宫中的人和事是极为复杂的，对谁都不能过于相信。尤其是对害死庄妃的魏忠贤和客氏，他更是恨之入骨。他总想寻找机会，为养母报仇，以报答她的养育之恩。特殊的环境，使他对周围的人与事都持怀疑态度，且只相信自己，渐渐自以为是，一意孤行。

　　朱由检16岁那年，突然得病，内侍召来御医为其诊治。由检出于自我保护的想法，拒绝用药，还说："服药千剂，莫如独宿。"御医暗暗敬佩，盛赞他天性过人。果然，他的病不治而愈。此事虽说明他善于把握自己，懂得自处，但其本质还在于他的怀疑猜忌使然。

　　随着年龄的增长，皇兄为其完婚，他搬离皇宫，到惠王府居住。触景生情，想到皇叔惠王，再及瑞王以至父皇的坎坷遭遇，情深意切潸然泪下。而自己的处境，与皇叔没有多少差别，所不同的仅仅是自己还留在京师，没有到京外封地而已。然而，作为王爷，如何对待皇兄、百官大臣、各项政务，都有明确而严格的规定，不得越雷池一步。年仅17岁的朱由检，每念及此，不禁战栗；为了给父皇争气，他潜心学问，孜孜不倦。考虑到自身的安全，为了更好地保护自己，朱由检面临的首要问题是对君臣界限以及被封为信王应该做什么、不应该做什么等等，有一个起码的了解和认识。为此，他熟读《皇明祖训》。至此，他的心情倒平静了许多。泰然处之，随遇而安，从而成为他

平日生活的基调。尽管如此,外界事物的发展变化,也曾激起他心中的波澜,从而关注某些大事件的态势和发展轨迹。这不仅表明他对大明王朝的关心,而且也是出于自身安全的需要。特殊的环境,养成了他特殊的性格:为求自全而猜忌多疑,貌似谦恭而自以为是,为发泄胸中愤怒而凶暴蛮横,乃至刚愎自用等等,在其信王生涯中都一一显现出端倪。当地位发生了变化,有了合适的条件,这一特殊的性格,就更加暴露无遗了。

（二）智除巨阉

当信王朱由检把目光越过王府的大门高墙，注视外界环境的发展变化时，一件十分意外的事件，扰乱了他相对平静的心境，使他为之震惊：皇兄天启皇帝龙体欠安，朱由检本想前往探望，却又顾虑到身为信王，多有不便。尤其是在这敏感的时刻，自己的一举一动，最惹人注意和议

论。再加上他深知魏忠贤邀宠专权，把持朝政。为了避免飞来横祸，平时他就常常装病，不入朝谒见，借以韬晦。此时，就更应警惕，以免给人以口实。所以他只好在信王府内为皇兄默默祈祷，希望他早日康复。直到天启皇帝弥留之际，由检才奉诏进入皇宫。只见皇兄侧身扶在床上，招呼道："到我跟前来。你当为尧舜之君。"由检恐惧万分，不敢遽然答应。过了很长时间，才说："臣死罪，死罪！陛下为此

言,臣应万死!"熹宗再三安慰劝勉,又说道:"善视中宫。魏忠贤可任。"朱由检更加恐惧,不知如何是好。转而与魏忠贤接谈,说他服侍皇上,十分辛苦。魏忠贤语气温和地谦逊一番。朱由检趁机要求出宫。接着,天启皇帝又在乾清宫召见内阁阁臣、五军府、六部、都察院大臣及科道官,告谕道:"魏忠贤、王体乾皆恪谨忠贞,可计大事。"内阁首辅黄立极说:"陛下任贤勿贰,诸臣敢不仰体。"

朱由检离开皇宫,思虑重重。回想皇兄的言语,亦忧亦喜。忧的是皇兄在位仅数年,就撒手而去,大明江山将会如何?喜的是若真的继承皇位,将会有一番作为。不觉又忆起幼年时的戏言。那还是在皇兄即位不久的时候,由检幼稚地问皇兄:"你这个官儿我能不能做?"皇兄笑着说:"可以,可以。等我做几年后,就轮到你做了。"难道这一戏言竟会变成事实?

这突来的一切，直弄得他烦躁不安，不能自已。可是，"魏忠贤可任"的话，犹如当头一瓢冷水，令他不寒而栗，顿时清醒了许多。深深感到虽有曙光在前，但被浓重的云雾所掩盖，变得渺茫难测，只有静观事态的发展。

果然不出朱由检的预料，怀有野心的魏忠贤，面对天启皇帝之死，既有自篡皇帝之心，又犹豫不决，迟迟不将天启皇帝的死讯公之于众。第二天，百官大臣已

有所闻，议论纷纷。不得已，魏忠贤才以皇后懿旨，将天启皇帝的死讯布告中外。同时，派遣党羽涂文辅、王朝辅迎接朱由检入宫。朱由检奉诏来到乾清宫，西向而坐，连百官大臣也不知道。此时的朱由检，忧心忡忡，大有危在旦夕之感。他在不相信任何人的心理驱使下，出于自我保护，临入宫时，就携带着干粮和炒熟的米麦等食物，绝不吃宫中一粒米，不喝宫中一滴水，而且时刻警惕着宫中一切举动。到了夜晚，秉烛独坐。偶然看见一名小太

监，持剑而过，立即叫到跟前，索取其剑，详加审视，然后扣留放在桌上。

皇宫之外，又是另一番景象。当时群臣百官都在自己的寓所，听到天启皇帝驾崩的讯息，各怀心思，为大明天下、为自己的前途，忧心如焚。但有一点是共同的，出于对魏忠贤及其党羽的了解和认识，以及近年来把持朝政的程度，人人都担心明天入朝必有重大事变，生死难以预测。当群臣百官进入宫门，行哭临礼时，只见魏忠贤等人守护在天启皇帝灵柩周围。王体乾来回布置礼部官员准备治丧仪及器物用品；魏忠贤双眼红肿，侍立灵侧，一言不发。待群臣离去后，魏忠贤只呼唤兵部尚书崔呈秀一人进入殿内，密谈了一个多时辰，外人难知其详。有人说，魏忠贤在天启皇帝病情沉重之时，就暗中谋划篡夺帝位，都督田尔耕诺诺连声，而崔呈秀沉默不语，魏忠贤追问再三，崔呈秀才以"恐有外兵"作答。魏忠贤一听此言，极为沮丧，无可奈何，但其心未死。此次再与崔呈秀密谈，也是这

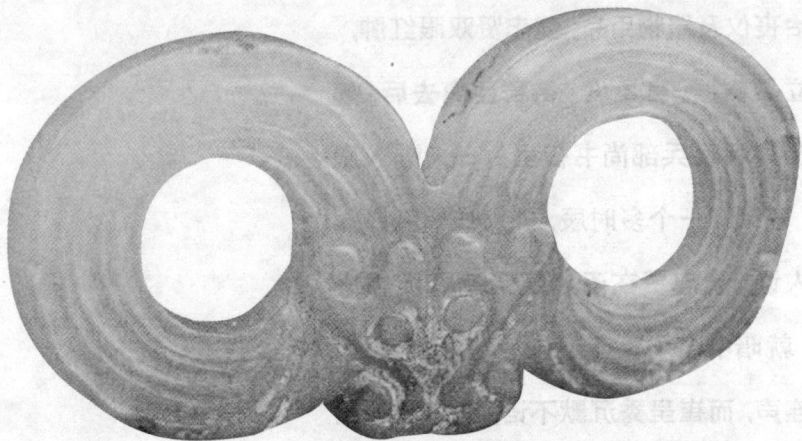

个事情。崔呈秀仍以时机尚未成熟而加

以阻止。与此同时，一批宦官提出遵照神

宗、光宗皇帝之例，把天启皇帝的灵柩安

放在乾清宫，信王朱由检暂时住在殿前

廊庑，而阁臣则认为兄弟与父子不同，天

启皇帝的灵柩应放在别的殿堂，信王住

在文华殿。此事未了，又有官员提出请皇

后移居慈庆宫，各位贵妃也同时前往；另

有官员认为贵妃不能迁移，仍居住在原

处。纷纷扬扬，莫衷一是。心绪烦乱的魏

忠贤，对此不置可否，尽由礼部安排；而

信王朱由检也冷眼旁观，听其自然；朝廷百官大臣既要照封建礼仪治丧，又要避免出现对峙的局面，更不想矛盾激化，发生意外事变。

　　信王朱由检，以他的聪颖和冷静观察，对魏忠贤及其党羽与百官大臣的争斗、立场和微妙的心态，似乎了然于胸。且正因此，他不得不为自己的命运和前途担心，只好谨慎，警惕，静以待变。魏忠贤在经过反复思考、再三斟酌之后，无可奈何地收敛了篡位的野心，令内阁拟撰遗诏，正式宣布："皇五弟信王朱由

检聪明凤著，仁孝性成。爰奉《祖训》'兄终弟及'之文，命绍伦序，即皇帝位。勉修令德，亲贤纳规，讲学勤政，宽恤民生，严修边备，勿过毁伤。内外大小文武，协心辅佐，属恪典则，保固皇图。"

当即位的崇祯皇帝感觉到自己的人身安全基本有保证时，还是不敢得罪魏忠贤。魏忠贤投石问路，让另一个权监王

体乾提出辞呈，崇祯帝好言慰留，稳住魏忠贤一派，另一方面却慢慢地消除魏忠贤的爪牙和强援，并巧妙地向天下散布逐步除魏的信息。中国的传统政治是人的政治，是一把手政治，新皇登基，必定会进行大规模的人事变动，才能真正坐稳龙椅，旧朝的宠臣继续得宠是概率非常小的事情，何况魏忠贤搞得天怒人怨。

魏忠贤不得已只能以退为进，提出

辞职，崇祯帝顺水推舟答应了。这下魏氏弄巧成拙，一旦没有职务，真是墙倒众人推，弹劾他的奏章雪片似地飞到崇祯帝的案上，几乎人人皆欲杀之，崇祯帝利用舆论的力量趁热打铁将魏忠贤贬到凤阳，看到大势已去的魏忠贤，在半路中自杀。

魏忠贤死了，但他提拔的官员还把持朝廷要津，崇祯帝如果不把这场斗争引向深入，将魏党根除，他的权力布局是很难实现的。中国的传统政治中，新的权力布局、政治变革总是从平反冤狱开始。此举既能打倒旧势力，又能收复民心，争取舆论。

此时，翰林院的编修倪元璐向皇帝连上奏折，不但要求为东林党平反，而且要求捣毁《三朝要典》。因为平反冤狱、新政实施不仅是人事上的变迁，还必须有理论上的突破，在古代就是"正名"。这《三朝要典》是天启朝在魏忠贤的主持

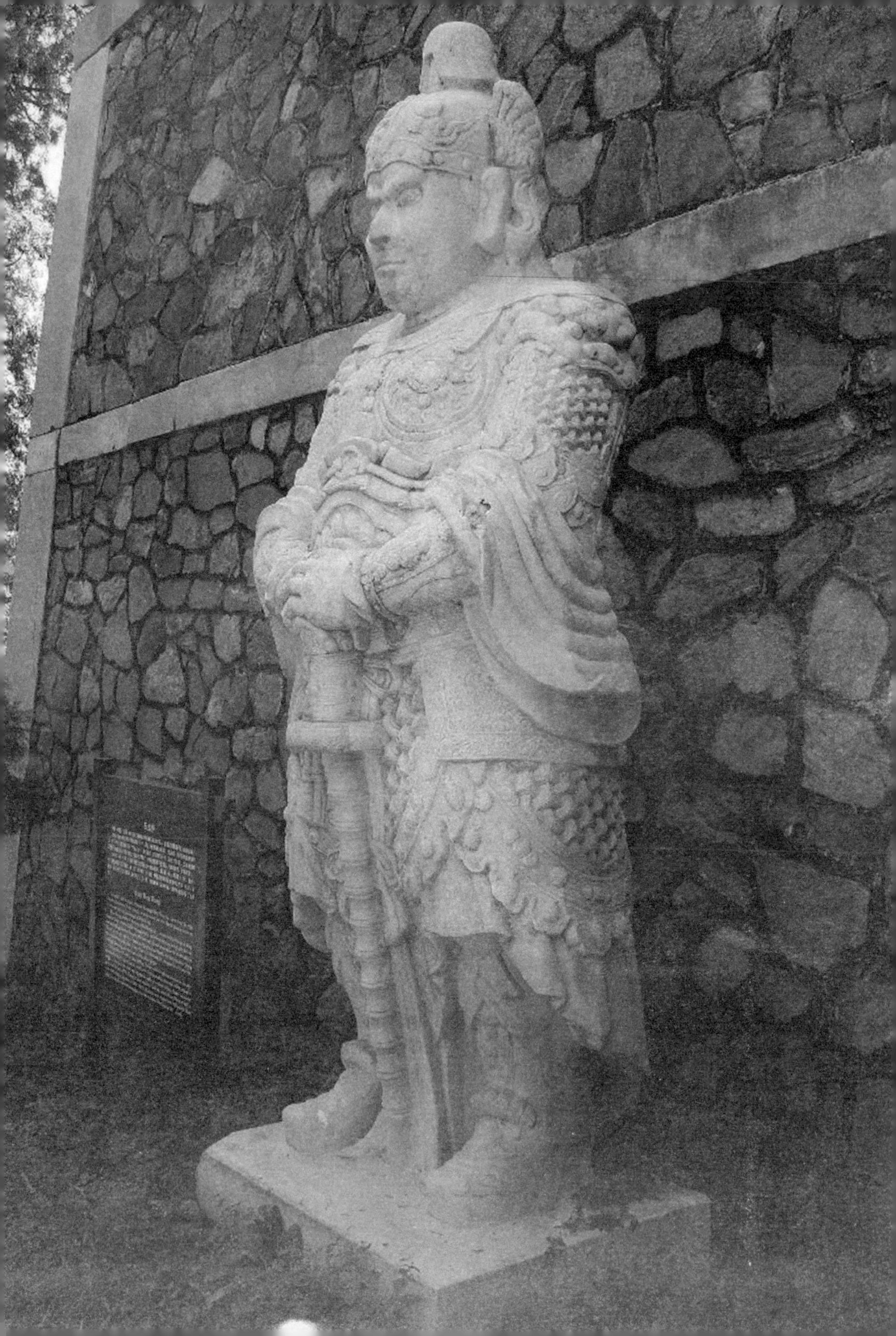

下修订的国史，就是对当时一些重大政治事件进行定性的文件。其中，东林党被当成奸邪之徒，魏党则是忠贞的国家柱石。

崇祯帝很聪明，说有了熹宗皇帝的实录，不必有《三朝要典》，熹宗皇帝的光辉形象在实录中留给后人景仰。然后下旨说："从今以后，官方不要以天启朝东林党人事件来决定好坏丑恶的评价，天下的人才不要依照《三朝要典》来决定进退。"

理论上一旦有了突破，平反就顺风顺水了，还留在朝廷的魏党很快就被清除了，被阉党打击的东林党人纷纷还朝执政。思宗以雷厉风行的手段剪除阉党，初显其聪睿之智。

二、日薄西山

（一）政局的恶化

　　思宗以一己之力除魏忠贤一事，显然让他对于自己的政治才能产生了过高的估计。他在此后十多年的统治中，事事独断，事事躬亲，过度相信自己的能力。思宗的自信，慢慢地变成了自负，变成了刚愎自用。一方面，他成为明朝勤快的皇帝之一。但另一方面，他的事事躬亲却没有收到较好的效果。正如他自己所说，他虽然不是亡国之君，但事事乃亡国之象。

年轻的朱由校即位后，曾信誓旦旦地要改变天启朝腐朽的政治。朱由检这位青年皇帝亲眼看到天启朝政局的现实，所以他在即位之初，曾想去扭转那种政治上孤立无援的局面，清除魏忠贤，定了"逆案"，从政权中清洗宦党的势力，并宣称"脱初御极，嘉与士大夫臻平康之理"。但是此时已经是积重难返，崇祯帝朱由检扭转孤立地位的企图只是一种愿望而已，贵族大地主势力既得的权势与

利益，并不能一朝就放弃，而且朱由检本
身也不能脱离这个集团势力而独立，实
际上他仍是贵族大地主势力的最高代表
人。

　　宦党中的温体仁、周延儒二人仍然
入阁，继续排挤异己，计划起用"逆案"
中的人物。崇祯帝曾经想加强他的内阁，
任用各派政治势力的代表人物为辅臣，
目的在于加强皇权的地位，避免孤立，改
善他在这种政治格局中的不利地位。他
先后任命了五十位左右的辅臣，其中有形

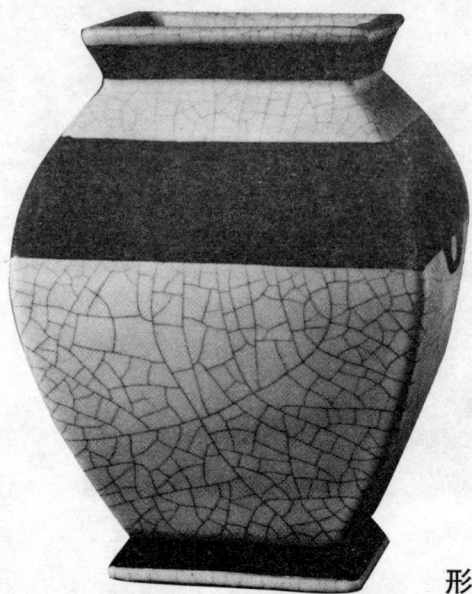

形色色的人物，既有东林党，也有宦党余党；既有各地方势力的代表人物，也有学者名流；既有向来在内阁辅臣中占重要地位的江浙派人物，也有日渐增多的北方各省出身的人物。

但是不久朱由检就发现他的这些辅臣，结党营私，并不可靠。他当初即位时"鉴魏忠贤祸败，尽撤诸方镇守中官，委任大臣。既而廷臣竞门户，兵败饷绌，不能赞一策，乃思复用近侍"。于是大宦官张弃宪、高起潜诸人，重被重用，有的被

派往边关去"监视军马",有的"钩校户工二部出入","名曰户工总理"。由于对内阁的不信任,皇帝的办事机关由内阁转向了内廷的司礼监。崇祯时的司礼监"秉笔六人,名下各有六人,六部、两直、十三省各有专司"。这一由宦官组成的皇帝秘书班子,由于训练有素,"兼务博绘",其工作效率大大超过内阁那些"深年中书,浅学庸流"。

明代统治时期都达四十年以上的世宗和神宗朝,阁臣最多也只二十几人而已，而崇祯一朝只有十七年，阁臣竟达到五十人之多。这只能说明崇祯帝扭转明末政局不利形势的努力是失败的。他由"重用阁臣"最后转向重用宦官，他在轻阁臣、重宦官的同时，也曾想利用侯伯勋戚，认为"毕竟是我家世官"，但是也未有超过贵族大地主势力的范围。

这说明自16世纪末以来所形成的明末政局结构已难于有所转变。朱由检不但没有转变这种积重难返的现状，而他的"求治过急""刚愎自用"的诸措施，更使其举措失当，无法扭转局势，最终使局面向更加恶化的方向发展。

(二)三饷的加派

崇祯皇帝处处摆着爱民姿态来不断地罪己,他也是历代下诏罪己极多的皇帝之一。而正是他的这种爱民态度却使他统治时期百姓饿殍遍野,死者不计其数。其中最为累民者莫过于加派"三饷"。

从本质上讲,"三饷"加派的出现,是明朝末年内外矛盾激化的产物,而内部矛盾的激化又是其主因。明朝后期,民族矛盾、阶级矛盾和社会矛盾都很尖锐。造成这种情况的原因固然很多，但如果从社会经济生活的角度看，则主要集中在以下几个方面：一是土地兼并日趋严重。当时的各藩主动辄占田地数万顷，大官僚、勋戚、有权势的太监或乞赐、或抢占，也拥有大量田产。这就造成了两个结果，广大农民因田地被占而沦为佃户或流民，使国家在册户口大量减损；而田地日益向少数私人手中集中，也导致国家课田面积急剧减少，据史料记载，到弘治十五年

(1502年)时，课田面积已不及洪武二十六年(1393年)的一半，而且还在继续减少。这一方面导致国家赋役制度的基础遭到破坏，另一方面，由于流民队伍的不断壮大，为日后农民起义准备了充裕的后备军。二是赋役册籍制度的破坏。明代中期以后，因久不登造赋役册籍，加之奸民为了逃避赋役，又与吏胥里甲相互勾结，篡改图册，而赋役册籍是赋役征派的法定依据，一旦遭到破坏，必然引起混乱。

三是田赋征收弊端丛生。由于土地版籍脱讹，疆界不清，田产隐瞒托寄的现象十分严重，致使赋与田不相符，即田多者赋轻，产少者赋重。田赋的征解，也是弊端百出，原先的粮长征解制度渐遭破坏，以致有的粮长将自身的赋税令民户包纳，以富欺贫，以强凌弱，佃民百姓备受侵扰。

赋役制度的破坏，严重影响了国家

的财政收入，而国家的相关支出却逐年增加，尤其是内外战争的爆发，客观上也额外增加了财政支出。为了补充财政亏空，明政府必然要广开财源，巧立名目，苛征杂敛。就田赋加派而言，早在嘉靖三十年(1551年)就在江浙各地试行。至于"辽饷"的开征，则始于万历四十六年(1618年)。同年，后金起兵反明，四月陷抚顺、清河，京师震动。为了抽兵增援辽东，朝廷决定实行田赋加派，由于专款专用，所以称为"辽饷"。当时万历皇帝答应此项加派待辽东战事结束，即行停止。然而辽东战争并未如朝廷所愿，速战

速决，而是节节失利，结果在初次加派的数额之上，再次加征，至万历末年，每亩加至九厘。至崇祯初年，辽东战事急剧恶化。崇祯二年(1629年)，皇太极挥师渡喜峰口，陷宣化，直逼北京。崇祯三年，后金一度占领永平、滦州、迁化、遵化四镇。此时，朝廷只得招兵买马，驰援前线，而所需军饷甚巨，于是崇祯帝下诏每亩再加派三厘。经前后四次加派，总额达六百八十五万两。

崇祯十年，辽东战事未已，而国内农民起义又成燎原之势。为了扑灭起义军，时任兵部尚书的杨嗣昌建议朝廷增兵增饷，所拟数额是增兵十二万、增饷二百八十万两。因杨氏所倡之增饷，用于剿灭农民起义军，所以称为"剿饷"。具体办法是初定每亩加米六合、每石折银八钱，嗣后又每亩加一分四厘九丝，先后共加派三百三十万两。

剿饷原定以一年为期。但至崇祯十二

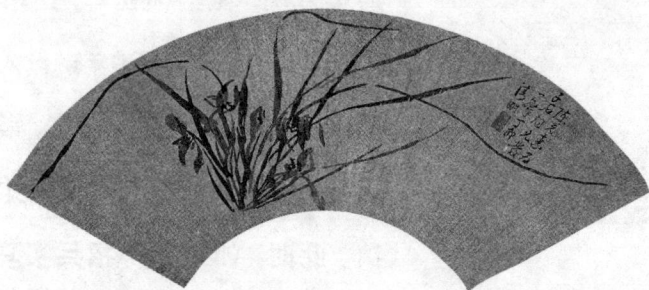

年，农民起义虽遭挫折，但远未被"平定"。而此时辽东的战事又连遭败绩，清军一度攻陷济南，破城池五十余处。明军两面受敌、深感兵力不足，不少廷臣建议训练边兵。杨嗣昌制订了练兵七十三万多人的庞大计划，并得到崇祯帝的旨意。为了练兵，又要增饷，于是下令征收练饷。当年派练饷四百万两，又派补缺额一百万两，尔后增至七百三十万两。需要指出的是，练饷加派不仅累及田赋，还加征关税、盐课、契税、典税、赃罚银等税种。以上所述，就是所谓的"三饷"加派。

为了使三饷加派的预征额能够如期完成、朝廷对有关官员实行严格考核，崇祯十二年，因剿饷征收未如期满额，崇祯帝龙颜大怒，下旨将督饷侍郎张伯鲸降职一等。数年间，户部定期向皇帝报告各地辽饷等的缴纳情况，完纳者奖，欠纳三分以上者罚。因事关核成，地方官为自己前程考虑，对穷苦百姓的搜刮压榨可谓穷凶极恶。陇州知州为了逼饷，组织专门

催饷队伍，人手一条皮鞭，"下乡打粮"，出现了"民愈穷而赋愈逼"的悲惨局面。

在社会财富没有增加的情况下，加派的剧增，势必影响正项田赋的征收。为了应付加派，各地都经常出现挪用正项田赋以应上司催饷之急。久而久之，则国家正常财政岁入无法保证，而税收制度也随之日趋混乱。明末，内外战争频繁，朝廷全将胜利希望寄托在军队足饷之上，因而竭力搜刮。但战争的最终胜负并非全由军饷多寡决定，况且三饷加派之所得巨款并非全数用在前线士兵身上，其中相当一部分为将帅军官所贪污。因此，三饷加派之数甚巨，而前线士卒仍常处于缺饷状态。守卫辽东的士兵经常被拖欠军饷，有的长达四个月之久，甚至一度出现了士兵"全无衣甲器械，唯有张空拳

以当白刃"的情况。除辽饷的用途多为名
实不符，练饷、剿饷的情况也是如此。战
争是经济、政治、军事力量的全面较量。
经济状况如何，对于战争的胜负的确有
着重大影响，但军饷绝不是经济的全部。
战时的财政虽有特殊性，但也还是要通
过生产来提高。三饷加派，竭泽而渔，把
一切人力财力投放到战场上，给社会生
产带来了严重破坏。三饷加派不仅搜尽
社会财富，而且驱赶大批劳动力投入战
争，使城乡既缺少再生产的资金，也缺乏
劳动力，以致塞草连天、膏腴荒芜、鸡犬
无声、村烟断绝。

三、自毁长城

（一）冤杀袁崇焕

袁崇焕，字元素，号自如，出生于广东东莞，祖上原籍广西梧州藤县。万历四十七年进士，授福建邵武知县。史称其少年慷慨，富有胆略，喜欢和人谈论军事，遇年老退伍的军官、士兵，总向他们询问边疆上的情况，以边才自许。天启二年正月，御史侯询请天启帝朱由校破格留用袁崇焕，遂组兵部职方司主事。不久，明军广宁师溃，京师仗骇，廷议尽弃关外土地，集守山海一关。袁崇焕即在满朝风鹤之际，单骑出阅关内外，回京具言关上形势，慷慨请命曰："予我军马钱谷，我一人足守此。"廷臣益称其才，天启帝于是让他任兵备佥事，监军山海关。

袁崇焕受命关外，即积极推行"守关外以捍关内"的复辽方略。他募新兵、造大炮、施屯田、操士卒，十分勤勉，亲自指导整饬边备，建筑城池，先后修复边镇

数十处，守远城更是塞外雄关。明朝的国
防前线向前推移了二百里。天启五年，袁
崇焕劝说辽东经略孙承宗遣诸将分戍锦
州、松山、杏山、右屯及大、小凌河诸要
塞，又开班二百余里，几尽复辽河以西旧
祖。时后金屈服，四年不敢犯边。

　　不久，明朝内部斗争激化，阉党高第
接任辽东经略。他目光短浅，昏聩无能，

认为关外守不住，下令尽撤关外防守，驱屯兵入关，委弃米粟十余万，死亡载途，哭声遍野。袁崇焕拒不从命，说："我宁前道也，官此，当死此。我必不去。"天启六年正月，后金汗努尔哈赤看清了明朝的腐败虚弱本质，亲率大军围攻宁远。袁崇焕率孤军守城，朝廷上下都认为宁远必失。但袁崇焕集一万将士与宁远共存亡，他当场刺血为书，表示血战到底的决心。全军将士个个感动，人人效死，终于在宁远城下使努尔哈赤损兵折将，身负重伤，不久便忧愤而死。努尔哈赤死后，皇太极即位。天启七年，皇太极又率军进攻锦州、宁远。这场大战打得十分惨烈，城壕中填满了两军军士的尸体。袁崇焕在战斗中亲自上城头督战，率军英勇抗击，又使皇太极遭到惨败，撤围远窜。

天启帝朱由校死后，明朝的末代皇帝崇祯朱由检登上皇位。崇祯元年（1628年）四月，崇祯任命袁崇焕为兵部尚书兼

右副都御史，督师蓟、辽，兼督登、莱、天津军务。七月袁崇焕入都，十四日崇祯帝召见平台。袁崇焕慷慨陈词，计划以五年时间恢复辽东，并疏陈方略，对明与后金双方的政治军事形势都当面向崇祯帝作了全面正确的预防。而"恢复之计，不外臣昔年以辽人守辽土，以辽土养辽人，守为正著，战为奇著，和为旁著之说。法在渐不在骤，在实不在虚"。二十四日崇祯赐袁崇焕尚方宝剑，便宜行事。袁崇焕疏谢并陈方略，崇祯赠蟒玉银币，袁崇焕辞蟒玉不受。

崇祯二年（1629年）春，蒙古哈喇慎三十六家发生大饥荒，请求通市粜米，三月袁崇焕上奏要开马市后售粮于蒙古。崇祯帝认为这是以粮资寇，于是发诏书斥责。然而早在天启七年（1627年）林丹汗西迁，与喀喇沁、顺义王博硕克图汗（卜失兔）、鄂尔多斯济农、同雍谢布、阿索特、阿巴噶、喀尔喀组成联军大战于土默特的召城，结果两败俱伤，林丹汗惨

胜，诸部联军惨败。林丹汗虽损失了四万精锐，但占据了大片土地。土默特和喀喇沁部分崩离析，喀喇沁部只剩下一系据守朵颜卫一带，顺义王卜失兔战败，其拥有的元朝传国玉玺被夺，其他部落多溃散。明朝的九大边镇外都有蒙古部落，此番大战对明朝来讲本是有利的，但在后金崛起之时林丹汗西迁，并和蒙古诸部混战，虽可削弱蒙古，但并不利于明朝以蒙古牵制后金。崇祯登基后曾分别对林丹汗和蓟门外溃散的蒙古诸部进行过抚赏，又试图用顺义王卜失兔所部联合朵

颜三十六家即喀喇沁余众对抗林丹汗，不让其投奔后金。但现实是严酷的，蓟门外的这些蒙古部落地处明朝、林丹汗、后金三大势力中间，若不依附一方必然有灭族的危险，明朝当时自顾不暇，只能用"抚赏"的形式给予支持，这些蒙古部落对林丹汗是新仇兼旧恨，相比之下后金既可以提供军事支持又与林丹汗为敌，这些部落将何去何从实在是一目了然。崇祯在1628年刚登基时曾作出过最后的努力，虽然喀喇沁部于崇祯元年（1628年）二月已经联络后金，七月派出数百人的使团前往沈阳，崇祯不但没有立即革掉对它的抚赏，还在同年九月将对喀喇沁部的抚赏加倍，而皇太极召集依附于他手下的蒙古部落会盟，提出征讨占据了喀喇沁旧地的林丹汗，此举动彻底拉拢了喀喇沁部，于是明朝此后再对其进行任何抚赏已毫无意义。但袁崇焕却在崇祯二年（1629年）三月申请对喀喇沁部开马市，提出因大旱，蒙古部落没有粮食，

所以要开马市接济蒙古部落就显得不合
时宜了。此时，后金也遭了灾荒没有粮食
吃，正是应当绝不开马市置后金于死地
之时。

袁崇焕于崇祯二年（1629年）五月
二十五日自北汛口开洋出海，经大王
山、风中岛、松木岛、小黑山、大黑山、
猪岛、蛇岛、虾蟆岛，二十八日泊双岛。
二十九日，袁崇焕登岛屿，谒龙王庙。当
晚，毛文龙至。六月初四，袁崇焕颁东江

三千五百七十五员名赏，军官每员自三两至五两，士兵每名一钱，并将饷银十万两发于东江。袁崇焕传徐旗鼓王副将谢叁将商谈。随后又命令毛文龙，今后旅顺以东公文用毛文龙印，以西用袁崇焕印。又命令制定东江营制，同时命令准备收复镇江旅顺。毛文龙均不同意。随后，揭露毛文龙十三罪，令旗牌官张国柄执尚方剑斩毛文龙首级于帐前。

崇祯二年十月，皇太极亲率八旗军，绕过袁崇焕的防区，兵分三路破长城而入。袁崇焕闻警，"心焚胆裂，愤不顾死，士不传餐，马不再秣"，皇太极率数万清

兵绕道蒙古，以避开忠于明朝的山海关总兵赵率教的防区。十月突破大安口，至十一月初连陷遵化、三屯营，巡抚王元雅、总兵朱彦国自尽。京师震动而戒严，同时诏令各路兵马勤王关。蓟辽督师袁崇焕对后金此举，已有所料。为此，袁崇焕曾正式向崇祯皇帝上书，说："若顺天等处，则听督抚为政，臣不敢越俎而议者也。"说得很清楚，蓟门比较薄弱，应当设重兵把守。不仅如此，袁崇焕又上了一道奏疏,说:"唯蓟门陵京肩背,而兵力不加。万一夷为向导,通奴入犯,祸有不可知者。"因为宁锦防线坚固,皇太极攻不破,就会以蒙古为向导,突破长城,来威胁北京。但是,袁崇焕的两次上书,都没有引起崇祯皇帝的足够重视,不幸的后果被袁崇焕言中了。

崇祯二年即天聪三年(1629年)十月二十六日,八旗军分东、西两路,分别进攻长城关隘龙井关、大安口等。时蓟镇

　　"塞垣颓落，军伍废弛"，后金军没有遇
到任何强有力的抵抗，顺利突破长城，于
三十日兵临遵化城下。遵化在京师东北方
向，距离京师三百里。十一月初一，京师
戒严。虽然按照朝廷分工，袁崇焕主要分
管山海关外防务，蓟辽总督刘策分管关内
防务。但是，袁崇焕作为蓟辽督师，对整
个蓟辽地区的防务都是责无旁贷，况且
后金铁骑正是从山海关外而来。

　　十月二十九日，袁崇焕从宁远往山

海关，途经中后所，得报后金军已破大安口。袁崇焕做出以下军事防御部署：

其一，严守山海关。因为山海关总兵赵率教已经调到关内，宁远总兵祖大寿也带精锐随袁崇焕入关，所以袁崇焕命前总兵朱梅、副总兵徐敷奏守山海关，防止后金乘机夺关。

其二，严守京师要道。袁崇焕命参将杨春守永平，游击满库守迁安，都司刘振华守建昌，参将邹宗武守丰润，游击蔡裕守玉田。

其三，严守京畿地区。在靠近京师东北方向的蓟州、三河、密云、顺义严密布防，防止后金从东北路入京。袁崇焕命保定总兵曹鸣雷等驻蓟州遏敌，自率大军，以总兵祖大寿作先锋，驻蓟州居中调度策应。命宣府总兵侯世禄守三河，保定总兵刘策守密云。

袁崇焕一面进行总体部署，一面阻截后金大军南进，其措施是：

第一，遵化阻截。因为皇太极的军队突破了龙井关和大安口，直接指向遵化，

遵化是京东的重镇，袁崇焕想把后金的军队阻截在这里，他急令平辽总兵赵率教率四千兵马，驰救遵化。他率部急驰三昼夜，行三百五十里，到达遵化以东的三屯营。但三屯营总兵朱国彦不让其入城，赵率教只好纵马向西，驰向遵化。十一月初四，赵率教率援军至遵化城外，与后金贝勒阿济格等所部满族左翼四旗及蒙古兵相遇，误入埋伏，中箭坠马，力战而亡，全军覆没。赵率教战死，是明军的重大损失，袁崇焕失去了最得力的大将，失去了救援京师的最佳时机。

当日，后金大军进攻遵化城。后金先劝降，遭到拒绝。后四面攻城，明巡抚王元雅凭城固守，顽强抵抗。第二天，遵化"内应纵火"，遵化城陷落。巡抚王元雅走入衙署，自缢而死。城中官兵、百姓，反抗者皆被屠杀。接着，后金大军进攻遵化东面的三屯营，副总兵朱来同等潜逃，总兵朱国彦把逃跑将领的姓名在大街上张榜公布，然后偕妻张氏上吊自尽。初七，后金大军破三屯营。明朝丧失了将后金大军堵在遵化的机会。

遵化失陷，驰报明廷，人心大震，朝野惊恐。时"畿东州县，风鹤相惊，人无

固志"。皇太极命留兵八百守遵化，亲统后金大军接着南下，向北京进发，逼近蓟州。这时，袁崇焕亲自带领九千兵马，急转南进，实施其第二步想法：即把后金的军队阻截在蓟州。

第二，蓟州阻截。袁崇焕于十一月初五，督总兵祖大寿、副将何可纲等率领骑兵，亲自疾驰入关，保卫北京。至此，袁崇焕在关外的三员大将——赵率教、祖大寿、何可纲，全部带到关内，可见袁崇

焕已经下定决心，不惜任何代价，誓死保
卫京师。初十，袁军驰入蓟州。蓟州是横
在遵化与通州之间的屏障，距离北京东
郊通州约一百四十里。袁军在蓟州阻截，
"力为奋截，必不令越蓟西一步"。皇太
极曾两次败在袁崇焕手下，这次就没有
同袁崇焕军队硬碰硬，而是从东北方向
通过顺义往通州进发。这样袁崇焕在蓟
州拦截皇太极军队的计划又落空了。

第三，通州阻截。通州离北京只有
四十里，袁崇焕紧急率领军队向通州
进发，力图把皇太极军队拦截在通州。

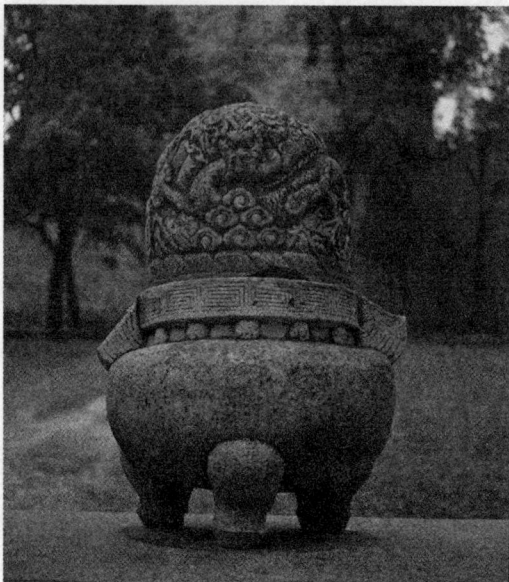

十二月初一，袁崇焕的军队到达河西务。河西务在天津与北京之间，大约离北京一百二十里。这时候皇太极军队已接近通州，他揣测到了袁崇焕的军事意图，不打算在通州跟袁崇焕决战，而是取道顺义、三河绕过通州，直奔北京。这样，袁崇焕在通州拦截后金大军的军事意图又落空了。

河西务会议之后，袁崇焕率领九千关宁铁骑，日夜兼程，行一百二十里，由间道急奔，抢在皇太极之前，于十九日抵达

北京外城广渠门外。其实，袁崇焕统兵入
蓟时，明朝官员中就传说他有引导后金兵
进京之嫌，故崇祯帝下令袁崇焕不得越
蓟州一步，而袁崇焕竟然毫无察觉。现在
袁崇焕又擅自率部进京。所以，从他抵达
京师的那一刻起，他实际上已经身陷腹
背受敌的局面，只是他还不太清楚，或者
根本顾不得关注自己。

同时，明大同总兵满桂、宣府总兵
侯世禄率兵，也来到北京城德胜门外扎
营。

第二天，即十一月二十日，八旗军兵
临北京城下。明朝北京保卫战即将开始。

袁崇焕率领关宁九千骑兵，于十一月
十九日，赶在皇太极之前驰抵京师城下。

第二天，保卫京师的战斗就打响了。

京门初战首先在德胜门外打响，城外明军，主要是大同总兵满桂和宣府总兵侯世禄的勤王部队，另外参加战斗的还有城上的卫戍部队。

十一月二十日，皇太极亲率大贝勒代善和贝勒济尔哈朗、岳讬、杜度、萨哈廉等，统领满族右翼四旗，以及右翼蒙古兵，向满桂和侯世禄的部队发起猛攻。后金大军先发炮轰击。发炮毕，蒙古兵及正红旗护军从西面突击，正黄旗护军从旁冲杀。后金两军冲入，边杀边进，拼搏厮斗，追至城下。城上的明军，奋勇抵抗，又发火炮，轰击敌军。不久，侯世禄兵溃，满桂率军独自搏战。城上的明兵，发炮配合，但误伤满桂官兵，死伤惨重。满桂身上多处负伤，带败兵一百多人在城外关帝庙中休整。第二天，守军打开德胜门的瓮城，供满桂的残兵休养。就在德胜门之战的同一天，广渠门也发生激战。

广渠门之战当天，莽古尔泰率满族
左翼四旗及蒙古大军大战袁崇焕军，此
时袁崇焕、锦州总兵祖大寿率九千关宁
铁骑屯沙窝门外。这场广渠门大战，九千
关宁铁骑血战数万八旗军及蒙古兵，自巳
（巳正十时）至酉（酉正十八时），炮鸣矢
发，激战八小时，转战十余里。战斗中，一
敌军抡刀砍向袁崇焕，适逢旁边有材官

袁升高以刀架隔，刃相对而折。莽古尔泰箭如雨下，袁崇焕身中数箭，两肋如猬，赖有重甲不透。由于袁崇焕身先士卒，拼死力战，关宁铁骑倍奋砍杀，莽古尔泰军被击败。袁崇焕部将游击刘应国、罗景荣、千总窦浚等，直追敌军至运河边。敌军忙迫拥渡，冰陷，淹没者无数。此一战，关宁铁骑杀敌千计，清军劲旅阿巴泰、阿济格、思格尔三部都被击溃。关宁兵亦伤亡数百。

这一役之后，清兵众贝勒开会检讨。皇太极的七哥阿巴泰按军律要削爵。皇太极说："阿巴泰在战阵和他的两个儿子相失，为了救儿子，才没有按照预定的计划作战，然而并不是胆怯。我怎么可以定我亲哥哥的罪？"便宽宥了他。可见这一仗清军败得很狼狈。

十一月二十日，袁崇焕又用乡导任守忠策，以五百火炮手，潜往海子，距皇太极军营里许，四面攻打，皇太极军大乱，遂移营出海子。

　　而明思宗却在崇祯二年（1629年）十二月初将袁崇焕逮捕入狱。囚禁审讯半年后，在崇祯三年（1630年），明思宗以"袁崇焕擅杀大将毛文龙，纵敌长驱，顿兵不战。及至城下，援兵四集，尽行遣散。又潜携喇嘛，坚请入城"等罪名于崇祯三年八月磔（分裂肢体）处死于西市，弃尸于市。袁崇焕卒年47岁。袁崇焕死后，明朝的边防越来越薄弱了。

(二) 孙传庭死难

　　孙传庭，字伯雅，代州镇武卫 (今山西代县) 人。生于明神宗万历二十一年，卒于庄烈帝崇祯十六年，年仅51岁。万历四十七年 (1619年) 进士。天启中，由商丘知县入为吏部主事。魏忠贤乱政，乞归。崇祯九年 (1636年) 擢右佥都御史，巡抚陕西，擒斩流贼，累建大功。此时，以整齐王为首的农民起义军正雄踞商洛 (今陕西商州市、洛南县一带) 之地，严重地

威胁着明朝在陕西的统治，陕西巡抚甘学阔多次镇压失利，陕西士大夫请荐孙传庭督秦，孙传庭遂于崇祯九年三月巡抚陕西。孙传庭到任后，令副将罗尚文率明军进击商洛地的起义军，并诛杀了整齐王。不久，农民起义军又在关中地区展开斗争，孙传庭在陕西周至的黑水峪之战中镇压了起义军中势力最强的高迎祥部，并俘杀了闯王高迎祥。当陕西的起义军屡遭挫折之际，活动于河南的起义军马进忠、刘国能等十七部进兵渭南。孙传

庭急忙联络河南明军对起义军进行围追堵截。崇祯十年（1637年）初，马进忠等部再渡西折入陕，进袭商州、洛南、蓝田等地。孙传庭率部与各路明军以优势兵力接连打击了起义军圣世王、瓜背王、一翅飞、镇天王等部，才使关中以南地区趋于平定。

孙传庭在主持陕西军务期间，不断扩充自己的军力和粮饷。西安周围原屯驻军队三万，田地二万余顷，后来田地都归属于豪门，兵丁只是虚设在花名册上。孙传庭接管这里后，经过治理，得士卒一万，年收税计银十五万两，米麦二万石。

为尽早彻底剿灭农民起义军，明廷采纳了兵部尚书杨嗣昌的"四正六隅"的全面围剿方略，并为完成此计划增兵十二万，加派军饷银二百八十万两。但是，孙传庭对此持有异议。他认为：因军兵屡战，多经匮乏受挫之苦，况且连年征战，

民力疲竭，此举未必能收到预期效果。由于孙传庭料知他的计划不会被采纳，便着手清点私产，得银两五万，并招兵买马，自办围剿所需的人力及资财。当明廷汇集各处上报的招兵募马的数额时，唯独孙传庭的奏疏未送到。素与孙传庭有隙的杨嗣昌于是乘机发难，抱怨朝廷的军法在陕西竟行不通。

孙传庭折中了兵部"堵截正面，固守商洛"的议定，派重兵扼守商洛一带的战略要地。当大天王率领的起义军进袭庆阳、宝鸡时，孙传庭迅速回师在合水将其击败。崇祯十一年（1638年）初，过天星、混天星的起义军从徽（今甘肃徽县）、秦（今甘肃天水市）等地经凤翔将通向澄城时，孙传庭指挥其部分五路合击该起义军于杨家岭、黄龙山一带，捕杀两千余人，又在鄜州（今陕西富县）以西、合水以东的方圆三四百里的深沟峡谷内采用分兵堵截、机动设伏的战术再败起义军，并

打退了驰援陕西起义军的马进忠、马光玉所率领的宛、洛之部后，又与洪承畴在潼关南原以重兵埋伏，使闯王李自成部几乎全军覆没，李自成仅以十八骑兵突围而走。至此，陕西境内的起义军几乎都被镇压下去。

此时，只有河南起义军对明廷仍具威胁。罗汝才、马进忠、贺人龙、左金王等十三部（即"革左五营"）联营广达数十里，待机进逼潼关。面对这一形势，孙传庭认为起义军主力都在河南，于是率部而东，在阌乡（今河南灵宝县西北）、灵宝的山地间大败十三家兵马，起义军窘境日甚，不得已向熊文灿请求受降。但自以"主剿"著称的孙传庭未采纳熊文灿的劝阻，执意要进攻起义军，最终接到杨嗣昌的手书才停止进攻。起义军虽受诏归降，但并未解除武装，而是移兵易阵，伺机进袭商洛一带。孙传庭令部将王文清等率部数战起义军，起义军余部被迫转移至内乡、淅川。

崇祯十一年（1638年）八月，多尔衮、岳讬率清兵分路从墙子岭（今密云东北）、青山口（今迁西东北）入长城，明京

师戒严；督各路入京勤王之兵的总督卢象升在巨鹿阵亡。明廷遂召孙传庭、洪承畴主持京师防守，升孙传庭为兵部右侍郎兼右佥都御史，指挥各路援军。孙传庭抵达京郊后，由于他和主和派的杨嗣昌及中官夏起潜矛盾颇深，崇祯帝降旨不准他入京朝见，而洪承畴则在京郊受到慰劳，并奉旨进殿拜见崇祯帝。孙传庭对此不平待遇自然大为不满。杨嗣昌任洪承畴为蓟辽总督，并主张将陕西军全部留下，用于守卫蓟辽。孙传庭对此极力反对。杨嗣昌对孙传庭的意见置之不理，孙传庭对此不胜忧虑重重，以致耳聋。第

二年，明廷调孙传庭总督保定、山东、河南军务，孙传庭立即上书请见皇帝，但因杨嗣昌的百般阻挠而未成。孙传庭心中愠怒，引病告休。但杨嗣昌仍不肯轻易放过，言孙传庭称病乃推托之举。崇祯帝大怒，将孙传庭贬为平民后，又将其囚禁，以待判决。

在孙传庭下狱的三年期间，熊文灿、杨嗣昌在镇压起义军的战争中连遭败绩，闯王李自成在河南打开了局面，拥兵数十万, 第二次包围了开封。在这种形势下, 明廷于崇祯十五年 (1642年) 再度起用孙传庭为兵部右侍郎。崇祯帝亲临文御殿询问孙传庭有关镇压起义军的方略, 并设宴款待, 为他压惊, 嗣后即速命孙传庭率禁卫军驰援开封。

由于开封防守坚固, 加上明援军的到来, 李自成在久攻不下的情况下, 果断地撤出了开封之围, 并在以后的襄城之战中杀死了陕西总督汪乔年, 孙传庭遂奉命赴陕西代行其职。孙传庭到任后, 立即

奉旨扣押了原抚剿总兵贺人龙，将其正法。为对付日益壮大的起义军，孙传庭日夜加紧整肃军务。崇祯十五年（1642年）五月，李自成第三次包围了开封，崇祯帝连催孙传庭火速出关入豫。孙传庭只得起兵驰援，于九月底进抵潼关。时恰逢大雨连下数十日，河水骤涨，李自成遂决黄河马家口段，水灌开封。就在孙传庭的援军刚出潼关之时，李自成早已挥军南下，撤离了成为水乡泽国的开封，于是孙传庭便挥军直趋南阳。李自成与罗汝才合兵西进，与孙传庭的陕西军交战，并在郏县大败明军。孙传庭率残部逃至巩县，由孟塬进入陕西。

崇祯十六年六月，被心急的皇帝催得没有办法的孙传庭，顿足长叹道："奈何乎？吾固知往而不返也。然大丈夫岂能再对狱吏乎！""孔曰成仁，孟曰取义，事已至此，虽万千人，吾往也！"八月一日，他在西安关帝庙誓师，十日，率所谓十万"大军"出潼关。临行，他与夫人诀别，孙夫人毅然道："丈夫报国耳，毋忧我！"

孙传庭虽然抱定了必死的决心，但多

少还有点尽人事听天命的幻想。除了他手下的牛成虎、高杰、卢光祖等人外，他还征调了白广恩自新安来会，并命四川秦翼明出商、洛，河南陈永福出洛阳，左良玉部西上，共同夹击李自成。另外，他也有一张好牌，那就是李自成兵政府侍郎丘之陶暗通官军。此外，明军还装备了三万辆"火车"和大量先进火器，这也算是有利条件之一。

八月，孙军收复了没有多少兵力防守的洛阳，有人建议修复洛阳城墙，将其建为一个坚固的据点。孙传庭道："我们不出关，犹为万全，今既出关，已无万全可言了！"颇有风萧水寒壮士不还的慷慨悲壮。九月八日，孙军进抵汝州，李自成部将，绰号四天王的李养纯投降，带来了重要情报："诸贼老营在唐县，伪将吏屯宝丰，自成精锐尽聚于襄城。"

孙传庭依照情报，迅速督大军攻克宝丰，擒杀李自成委派的州牧陈可新。然后袭占唐县，将俘获的李自成军家属全部杀掉，李自成军得到消息后，全军痛哭，斗志高涨。此后连日大雨，官军粮草不继，但在孙传庭的率领下，仍然攻破郏县，并与来援的李军万余精锐会战获

胜，擒李军果毅将军谢君友，斫断李自成坐纛，几乎擒获其本人，李退往襄城。这一阶段，官军取得了一些胜利，但补给不畅、兵力单薄的劣势仍未能改变。九月中下旬，孙传庭的内线丘之陶事泄被杀，连情报也断线了。

九月十七日，留守汝州的明军部队因粮饷不继哗变，孙传庭被迫回军平定叛乱。李军乘势追击，双方主力会战于南阳附近。李自成军列阵五重，最外层是新降附的饥民，其次是步兵，再次是骑兵，再次是精锐骑兵，最内层是老营和家属。明军陷阵力战，攻破李军三层阵线，与李军

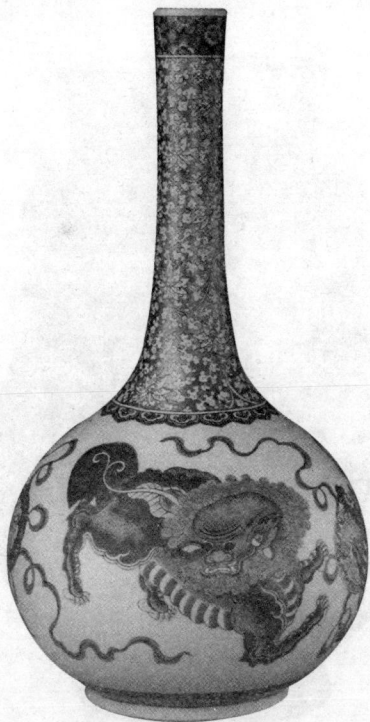

精锐骑兵殊死拼杀, 双方胶着不下。

饥饿的明军未能持久, 阵型开始扰动。白广恩的火器营官兵大叫: "师败矣!"将火器车辆推倒, 骑上牵引车辆的马匹逃跑。倾覆的车辆堵住了其他部队撤退的道路, 李军以铁骑冲杀践踏, 步兵则以白棓 (一种粗大的木棍, 易于新手掌握, 不需要太多技巧, 只要有蛮力气就可用) 猛击, 不少官兵被连盔带头一起敲碎。李自成的骑兵紧追不舍, 一天内追杀了四百里地, 直撵到孟津。明军死者四万

余人，丧亡兵器辎重数十万。孙传庭的督师坐纛，也在逃跑中丢给李过的追骑。

　　明朝最后一支主力部队，就此覆亡了。得人心者得天下，人心是什么？人心，就是粮食，就是情报，就是源源不绝的后备兵员。

　　十月七日，李自成军大举进攻潼关，从间道绕到关后（大概就是黄巢当年走的"禁坑"），夹击明军。李过以缴获的孙传庭坐纛骗开潼关城门，大军蜂拥而入。

就这样，这座雄关又一次被攻破了。

孙传庭收拾溃逃的部下，向渭南撤退，在路上被李军追及，他和参军乔迁高跃马大呼，率残兵冲入敌阵中，奋战阵亡，连尸首都没能找到。这一年，孙传庭51岁。可崇祯却认为他大概是诈死潜逃了，没有给予赠荫。

让人心酸的是，最终以官方定论承认孙传庭在明季乱局中起到重要作用的，竟是他的敌对方清朝。

李自成随即于十月间攻破了西安。孙夫人张氏惧辱，率孙家二女三妾投井自杀，孙传庭年仅8岁的小公子孙世宁被一老翁收养。孙家长子世瑞听说变故后，偷偷跑到西安，埋葬了孙夫人，找回了小弟弟。两兄弟相扶携还，一路之上，无论相识与否，见到他们的人都不禁为之泣下。

孙传庭自万历四十七年（1619年）中进士至崇祯十六年（1643年）兵败身亡的二十五年间，由永城知县逐步升至兵部尚书，统领七省军务，先后参与并主持了数十次对明末农民起义军的镇压活动，深得明廷赏识。不论是在"四正六隅"的联合围剿中，还是在"汛守要隘"的单独行动中，他都以其独有的狡黠、多谋、果断，使农民起义军多次处境艰险，成为明廷手中一张不可多得的王牌。故此，《明史》有"传庭死而明亡矣"的说法。

四、凄惨的结局

(一) 明末农民大起义

明末农民大起义, 是中国封建社会后期农民起义军与明清军队进行的一场战争, 近二百万农民革命大军在黄河南北、长江上下十几个省的辽阔地区, 与明清地主阶级军队进行了艰苦卓绝的战斗。这次战争从明天启七年 (1627年) 陕西王二起义开始, 经过渑池之战、洛阳之战、襄阳之战、成都之战和山海关之战,至清顺治十五年（1658年）失败，起义军与明军战斗十七年，与清军战斗十四年，是中国历史上历次农民战争的最高峰。

明朝末年，各种社会矛盾空前激化，突出表现在农民与地主阶级之间的阶级矛盾。

在腐朽的封建地主阶级压榨下，全国各地反抗斗争频频爆发，陕西地区成为农民起义的中心地。陕西长期以来是全国社会矛盾的焦点，明朝藩王对农民横征暴敛，农民生活比其他地区更为困

苦，阶级矛盾尖锐。这一地区又是多民族杂居地区，是激烈的民族斗争场所，各族人民与明朝统治者矛盾很深。因此，陕西地区成为最早酝酿和爆发农民战争的地区。在这种社会条件下，以陕西为中心，全国各地农民起义，士兵兵变，手工业者罢矿不断发生，为明末农民战争准备了必要条件。

天启七年（1627年）三月，陕西大旱，澄城知县张斗耀不顾饥民死活，仍然催逼赋税，敲骨吸髓地榨取农民。白水饥民王二聚集了数百无法活命的农民进行斗争，他高声问大家："谁敢杀死知县？"大

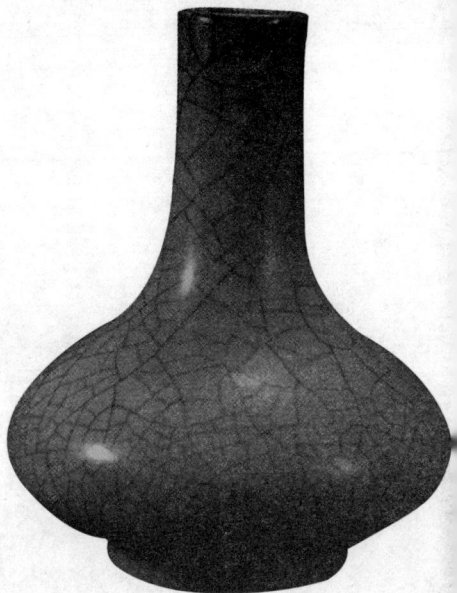

家异口同声地说："我敢杀。"于是王二率饥民冲进县城，杀死张斗耀，揭开了明末农民战争的序幕。

王二起义点燃了农民战争的星星之火，各地纷纷响应。天启八年（1628年），陕西府谷王嘉胤、汉南王大梁、安塞高迎祥等领导饥民起义，张献忠也在延安米脂起义，李自成后来投入到高迎祥军中。这一时期最有影响的是王嘉胤义军，他们曾经一度占领府谷，称王设官，建立了临时性革命政权。但是，农民起义军没有统一的指挥，各自为战，而且成分复杂，缺乏推翻明朝政权的明确目标，就全国范围来看还处于战略防御态势。

陕北起义震惊了明朝统治者，崇祯皇帝准备利用剿抚兼施的策略尽快平息农民起义，三边总督杨鹤执行以抚为主、以剿为辅的政策，企图瓦解农民革命。在明军剿抚兼施的进攻下，陕西战场义军除壮烈牺牲外，不少首领接受了朝廷招安，呈现出时降时叛的复杂局面。为避开明军主力，王嘉胤率军入晋，

起义中心转移到山西。王嘉胤牺牲后，王自用联合高迎祥、张献忠、罗汝才各部，号称三十六营，在山西继续战斗，农民起义军由分散状态进入协同作战阶段。义军势力壮大，宣告了明朝招抚政策破产，主抚派杨鹤下台，洪承畴继任三边总督，集中力量围剿起义军。王自用在崇祯六年（1633年）作战牺牲，起义军在高迎祥领导下与明军展开了激烈搏斗，损失较大。为保存实力，起义军从山西转入河南。崇祯六年（1633年）冬，高迎祥、张献忠、罗汝才、李自成等经渑池县突破黄河防线，

转移到明军力量薄弱的豫西，展开了新的战斗。渑池突围的胜利，义军不仅未被消灭，反而变被动为主动，对后来起义军势力壮大具有重大意义。

起义军渑池突围后，在豫楚川陕交界山区流动作战，与明军周旋，明军不得不分兵把守要隘，穷于追剿，陷入战线过长、兵力分散的困境。明将洪承畴为改变被动局面，以重兵包围起义中心地区，实施重点进攻，高迎祥义军接连败于确山、朱仙镇（今河南开封市西南）等地，连连受挫，被迫转入西部山区。崇祯九年

（1636年）夏，起义军被围困在丛山之中长达三个月。高迎祥率部从陕西汉中突围，遭到陕西巡抚孙传庭的埋伏，被俘牺牲。

高迎祥牺牲后，起义军逐渐形成两支劲旅，一支由张献忠领导，活动在湖北、安徽、河南一带；另一支由李自成领导，活动在甘肃、宁夏、陕西一带。崇祯十一年（1638年），在洪承畴优势兵力围攻下，起义军蒙受了很大损失。李自成兵败梓潼，退守岷州（今甘肃岷县）、临

逃。张献忠败于南阳、麻城，最后投降了明军，起义转入低潮。为保存起义军力量，李自成率部进入河南，于崇祯十四年（1641年）一月攻占洛阳，镇压了福王朱常洵。张献忠经过一年休整，于崇祯十二年（1639年）五月再次起兵，在罗山（今湖北竹山县东南）歼灭明军主力左良玉部，后转入四川，在达州战役中大获全胜，随即进兵湖北，于崇祯十四年（1641年）二月攻陷襄阳，镇压了襄王。李自成、张献忠相继攻占洛阳、襄阳，宣告了明朝围剿政策的破产。

张献忠、李自成两支大军相互应援，分别在川陕和河南战场与明军作战。张献忠于崇祯十六年（1643年）五月攻下武昌，把楚王投入江中。张献忠在武昌称大西王，初步建立了政权。次年，张献忠带兵入川，八月攻陷成都，在成都称帝，改元大顺，建立大西政权。李自成从洛阳转入湖广作战，于崇祯十五年（1642年）攻下襄阳，称新顺王，初步建立了政权机构。此后连克承天府（今湖北钟祥县）、孝感、黄州（今湖北黄冈市）等地，基本上摧毁了明朝在河南的精兵，"据河洛取天下"。李自成攻占襄阳后，在政治上提出"均田免粮"口号争取群众，军事上改

变过去的流动作战战术，派遣将领分守所克城邑，严密军事组织，建立各种军事制度，把军队分为骑兵和步兵两种，形成营队两组编制，战术上步骑配合，骑兵诱敌，步兵拒战，然后骑兵包抄合围。攻城时骑兵布围，步兵冲锋，昼夜三番轮攻。这表明起义军已由流动作战阶段进入阵地战阶段，已具备了推翻明朝的实力。李自成确定了先取关中，继取山西，后占北

京的策略。崇祯十六年（1643年）十月，李自成大军攻克潼关，率十万大军围歼明三边总督孙传庭，十一月起义军不战而进入西安。崇祯十七年（1644年）一月，李自成建立大顺政权，势力进一步壮大，把西安作为攻打北京的基地。然后，李自成亲率大军渡黄河进入山西，攻克太原，沿大同、宣府（今河北宣化县），从北面包围了北京。另一路义军由左营制将军刘芳亮率领，渡黄河攻克山西上党（今山西长治市），分取真定（今河北正定县）、保定，从南面包围北京。三月十七日，李自成从昌平围攻北京，北京明军不攻自溃，十九日李自成率兵进入北京。

（二）崇祯殉国

崇祯十七年（1644年）的正月，这一段时间，京城始终是天色晦暗，尘土飞

扬，北京城冥冥中似乎弥漫着一种不祥
的意味。节日的喜庆早已被焦虑不安所取
代。有钱的富户开始挖地窖藏金银财宝，
官宦人家也开始暗中收拾细软，做好了
离京的准备。京城陷入茫然恐慌之中。让
北京城陷入恐慌的是漫天飞舞的传言，
先是有人说，李自成的大军已开出关中，
进入了山西地界，很快就要打到北京了；
又有传言说，大明皇帝的老家安徽凤阳
发生了严重的地震，震动了大明朝的龙
脉。传言中最可怕的是说有人夜晚经过

紫禁城正门，经常会听到鬼魂的喧闹和哀嚎，那些鬼魂好像是大明朝曾经的皇亲国戚们。总之一句话，大明朝的气数已尽了。

和北京城内的恐慌比起来，皇宫中似乎显得平静许多。1644年的正月初三，崇祯皇帝在宫中接见了一位大臣，这天的接见极为隐秘，除了崇祯以外没有人知道将要谈的是什么话题。谈话之前，崇祯让

所有的人退出，一主一臣就这样从清晨一直谈到了第二天的黎明破晓时分，才算把事情讨论得清清楚楚。

面对当时的局面，大明朝的大臣们也是议论纷纷，有主和的，也有主战的，其中有一位作李明睿的大臣，他的建议就比较有创意，是主张三十六计走为上，也就是逃跑，当然这位大臣没有这样明说，他的原话是建议北京城应该迁都，所谓留得青山在不怕没柴烧，只要万岁爷在，

早晚大家还能打回来。

1644年的北京城规模已经是相当巨大了, 到底有多大, 从城墙的城堞上、也就是城垛上就可以推算出来, 这时的北京城经过明代十四位帝王的轮番扩建, 到崇祯这一代, 仅内外城墙上修建的雉堞, 就达到了十五万四千多个, 每两个雉堞相距大概五米, 这么算下来北京城内外城城墙总长已经达到了七十五公里。但

是守卫京城的三大营士兵总数只有三万人，许多城墙根本没有士兵守卫。

既无财力又无守军，一月中旬，崇祯皇帝召见了宁远总兵吴三桂的父亲吴襄，当时吴三桂拥有精兵三万人，是大明朝最重要也是最精良的一支军队，崇祯皇帝有意把吴三桂的军队调进关来，对付农民军，吴襄听了崇祯的打算，慷慨陈词说李自成绝对不是吴三桂的对手，这让崇祯皇帝十分高兴。

但是当时的局势是吴三桂部一旦入

关，山海关外就等于拱手送给了大清军队，崇祯皇帝实在是不好自己提出来调吴三桂回京，所以一月二十一日，崇祯召集大臣们集体议政，希望能有个人配合一下提出这个建议。

那么大臣们为什么还是要反对呢？因为崇祯皇帝的想法不明朗，所以大臣也都不敢承担抽调四方重兵的责任。就这样调兵勤王的事由于大臣们的反对又被搁浅了。

这样一拖就拖到了三月一日，此时

李自成的农民军已攻陷大同，即将兵抵宣府。离北京只有二三百公里了。这时，崇祯皇帝终于做出了放弃宁远，招吴三桂、王永吉、唐通、刘泽清四将入京勤王的决定。但是此时崇祯已经失去了对部下的控制。只有唐通率领八千名援军及时赶来，其他的三员将领不是称病，就是延缓。

然而到了三月初，崇祯皇帝曾经希望的迁都方案又被大臣们翻了出来，这时的说法改为让崇祯皇帝固守京城，但是太子到南京监国，一旦时局有变，明朝进可攻、退可守。大臣们还自告奋勇要求护送太子出行。但是这时的崇祯已经和一月份判若两人了。

1644年，彰义门，也就是现在的广安门外，香烟缭绕，已铺上了黄毯，摆上了龙椅。李自成心满意足地坐下，身边是沦为阶下囚的两位明宗室亲王：秦王、晋王。京城的虚实他早已派遣手下扮作客商摸得清清楚楚。现在，四郊各路官军或降或逃基本扫平，北京已是一座唾手

可得的孤城了。

　　李自成围住北京后并没有下令立即攻打北京城，而是派出投降的太监杜勋做为使者和崇祯议和，但是那个曾经因为自负而错过了迁都、因为犹豫而延误了调援军的崇祯，这次毫不犹豫地拒绝了投降。

　　劝降失败以后，农民军开始攻城了，一时之间火炮齐发，震耳欲聋。大顺军早已准备好了云梯，在呐喊声中蜂拥而上，前排是几队架云梯的，后排则是携盾持

刀的攻击队，前排倒下，后排跟上，连续
冲锋。很快西直门、平则门、德胜门被一
举攻占，太监曹化淳开彰义门投降。到下
午外城被全部攻占。

　　而这时的崇祯登上了紫禁城的最高
处，见北京外城烽火连天，农民军攻城不
止，却看不到任何援军的影子，知道大势
已去，大顺军攻进内城是早晚的事，他回
到乾清宫，对皇后说了一句大势去矣，然
后开始安排后事。

　　崇祯先是令人为儿子们换上便服，

送到皇亲们家去，以备东山再起。送走了儿子，崇祯来到后宫，他命令皇后和妃子以及女儿们自杀，周皇后悬梁自尽，袁贵妃自尽未果，崇祯挥刀砍去，接着他又连续砍伤了好几个平时宠爱的嫔妃。可面对自己最喜欢的年仅15岁的长平公主，崇祯皇帝有点心软，连砍了两剑都砍偏了，长平公主失掉了一条胳膊，晕倒在地。小女儿昭仁公主被他一剑砍死。

崇祯杀完至亲后，带着十几个太监在京城转了一圈，他穿着便装，带着数十名持利斧的太监，骑马到朝阳门，但接

近城门的时候，城墙上竟然有太监向他放炮，崇祯一行人只好钻胡同前往正阳门也就是现在的前门，但是正阳门城楼上已经悬挂起表示情况紧急的三盏白灯笼，崇祯只好作罢，但他还不死心，又到北边的安定门，但城门怎么都打不开，崇祯皇帝看实在无法出城只好又回到宫中。

在这天的午夜，实际上大顺军队已经攻入了内城，但是崇祯并不知道，在突围不成后，崇祯返回紫禁城，鸣钟开始召集众大臣，据说他的嘴里还喃喃自语说现在是上朝时间，大臣们应该上朝了。但是他敲了好一阵，却没有一个人来。

此时更敲五鼓，崇祯皇帝的身边只剩下太监王承恩一个人，两人手拉手走上了煤山，到达了山顶的寿皇亭，从这里看去北京城火光冲天，杀声不断。环顾四周崇祯皇帝的心中充满了绝望。三月十八日凌晨，当东方刚刚露出一抹晨曦，大明

王朝的第十六位皇帝朱由检，在寿皇亭
旁的一棵海棠树上上吊自杀身亡。

在崇祯皇帝的衣襟上留下了这样的
遗言：

"朕自登基十七年，逆贼直逼京师，
虽朕薄德貌恭，上干天咎，然皆诸臣之误

朕也。朕死无面目见祖宗于地下，去朕冠冕，以发覆面，任贼分裂朕尸，勿伤百姓一人。"

"百官俱赴东宫行在。"

崇祯皇帝的第一段话是说，事到如今不是我无能，都是因为周围的大臣们把我给耽误了，第二段话是说，我死了众人依然要听从我儿子的指令。当然正如我们后来知道的，自此大明朝算是彻底终结了，从此无人知道崇祯的儿子们的下落，至于崇祯自己，虽然也曾励精图治，勤于政事，但却从此被人称做亡国之君。